Alexandra Löhr

LESEN IST DIE BESTE MEDIZIN

Alles zu Dosierung
und Nebenwirkungen

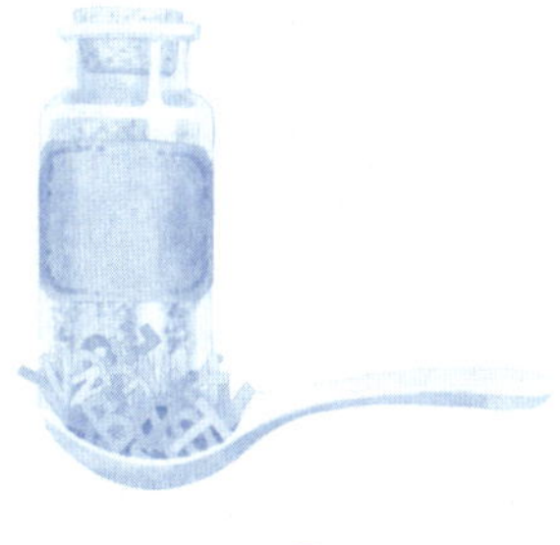

»Lesen ist ein großes Wunder.«

Marie von Ebner-Eschenbach

Liebe Leserin, lieber Leser,

herzlichen Glückwunsch! Sie halten eine unschätzbar wertvolle literarische Nothilfe für alle Gemüts- und Lebenslagen in Ihren Händen. Dieses gedruckte bibliophile Wundermittel wurde nach bestem Wissen und Gewissen zusammengestellt und durch den Verlag sorgfältig auf seine Wirksamkeit geprüft. Auf den nächsten Seiten erhalten Sie nicht nur detaillierte Angaben über die Wirkstoffe und die richtige Anwendung des LESENS, sondern auch alles über mögliche Dosierungen und gewünschte Nebenwirkungen. Bitte erwarten Sie Wunder. Noch während der Lektüre sollte sich eine spürbare Verbesserung Ihres Zustandes – in der Fachwelt auch als Blitzgenesung oder Spontanheilung bekannt – einstellen.

Bewahren Sie dieses Allheilmittel nach der Nutzung unbedingt auf und hüten Sie es wie einen Schatz. Es hat kein Verfallsdatum. Vielleicht benötigen Sie es zu einem späteren Zeitpunkt erneut. Sollten Sie Fragen haben, besuchen Sie schnurstracks eine Buchhandlung und wenden Sie sich an das dortige Fachpersonal oder kontaktieren Sie den Verlag Ihres Vertrauens.

Autorin und Verlag wünschen Ihnen nun eine hochgradig wirksame Lektüre, und seien Sie versichert: Unzählige uralte Studien belegen, dass das LESEN seit jeher ein äußerst wirksames Medikament ist und es dies allen Unkenrufen zum Trotz auch in Zukunft bleiben wird.

Und apropos, Sie übernehmen natürlich die volle Verantwortung für alle Risiken – pardon! – Dosierungen und Nebenwirkungen!

Ihre

Welche Wirkstoffe im Medikament LESEN enthalten sind und bei welchen Krankheiten es verwendet wird

Das Medikament LESEN enthält folgende Wirkstoffe: Zentillionen von Buchstaben, die von Experten als ein nie versiegender Quell an Wörtern bezeichnet werden, der in stets immer neuen patentierten Wirkstoffkombinationen unschätzbare Ideen ins Gehirn transportiert. Der maßgebliche Transmitterstoff ist Papier in unterschiedlichster Ausprägung. Weitere nachweisbare Mikrosubstanzen sind Druckerschwärze, Kleber, Buchleinen und in Kleinstmengen auch Ledereinbände. Also völlig unbedenkliche Inhaltsstoffe – es sei denn, Sie schnuppern zu oft am Kleber.

LESEN ist das beste Medikament für jede Lebenslage! Unzählige Studien weltweit bestätigen das. LESEN ist ein jahrtausendealtes Allheilmittel. Aber seien Sie gewarnt, es ist ein hochwirksames Medikament mit großem Suchtpotenzial! Für Millionen von Patienten ist es ein Labsal für die Seele, eine Offenbarung, ein Instrument der Macht, eine Droge, die den Geist beflügelt, ja, Red Bull beflügelt angeblich auch, aber LESEN ist eindeutig kalorienärmer. Seien Sie versichert, hier ist endlich mal kein Zucker im Spiel. Vom Intervall-Lesen halten Sie sich bitte auch fern. Ihr Körper wird es Ihnen danken.

Sie sind skeptisch? Haben Bedenken vor der Einnahme? Sie wissen nicht, wie Sie diese Wunderwaffe dosieren sollen und welche Nebenwirkungen auftreten können, denn jeden Morgen, wenn Sie die Zeitung lesen, verderben Ihnen schon die Schlagzeilen den Appetit? Sitzen Sie dann später vor Ihrem Computer, um endlose sinnbefreite Mails oder vielleicht auch dröge Fachliteratur zu lesen, wirkt das beste Medikament der Welt eher wie ein starkes Schlafmittel? Und wenn Sie abends nach Hause kommen, die Post öffnen und die fälligen Rechnungen studieren, spüren Sie vielmehr spontane Unruheerscheinungen und leichte Beklemmungen als eine glückselige Linderung? Keine Sorge, mit der richtigen Einnahme des

Medikaments LESEN stellt sich auch die gewünschte Wirkung ein. Versprochen! Pharma-Ehrenwort! Wenn Sie es sich mit der Lektüre Ihrer Wahl auf der Couch gemütlich gemacht haben, wirkt das süchtig machende Wundermittel zu hundert Prozent. Und nicht nur auf dem heimischen Sofa entfaltet der Wirkstoff sein volles Potenzial, es gibt noch viele weitere hochwirksame Orte – aber davon später mehr.

Ob sich der optimale Wirkungsgrad dieses rauschhaften Glücksstoffes auch bei der Lektüre auf einem elektronischen Lesegerät ohne Papierduft, haptisches Erlebnis und knisternde Seiten einstellt, entscheiden Sie selbst. Sie haben die Wahl.

Das Medikament LESEN setzt einen hochkomplexen Prozess im menschlichen Gehirn in Gang. Die Netzhaut des Auges erfasst ein Wort nicht sofort als Wort, sondern als ein Gebilde aus Strichen, Schwüngen und Flecken, das zuerst in kleinste Einzelteile zerlegt werden muss, um beim erneuten Zusammenbau der Grapheme, Silben sowie der Vor- und Nachsilben und Wortstämme als Wort als solches erkannt zu werden. Dann passieren zwei Vorgänge gleichzeitig: Das Gehirn weist dem erkannten Wort die passenden Sprachlaute (Phoneme) zu, auch „stilles Lesen" genannt, und sucht gleichzeitig in seinem Gedächtnis das passende Bild, das Gefühl oder die Emotion. Nur über den Laut werden die grammatikalischen Eigenschaften des Wortes erkannt.

Seien Sie bitte nicht beunruhigt, wenn Sie jetzt erfahren, dass sich Ihr Blick mit der Einnahme des Medikaments LESEN nicht kontinuierlich bewegt, sondern ruckartig in sogenannten Sakkaden. Pro Ruck erkennen Sie bis zu zwölf Buchstaben: sieben bis acht Buchstaben nach rechts und drei bis vier nach links. Das ist völlig normal und wurde von Augenärzten geprüft.

Ach, noch etwas: LESEN ist kein körpereigener Wirkstoff, sondern eine brandheiße neue Innovation, sozusagen der neueste heiße Scheiß. Im Gegensatz zum Medikament SCHRIFT ist die Lektüre von Büchern auf dem weltweiten Heilmittelmarkt geradezu ein Novum. Während die erste Schrift in Form von Hieroglyphen vor mehr als fünftausend Jahren entstand, wurde das Alphabet entspannte dreitausendsechshundert Jahre später im Nahen Osten erfunden.

Es wird empfohlen, sobald eine Besserung der Beschwerden eintritt, die Einnahme dieses Lebenselixiers sofort gnadenlos zu erhöhen. Überdosieren Sie nach Lust und Laune.

Das Medikament LESEN wird zur Linderung folgender chronischer und akuter Beschwerden angewendet:

- Angstzustände
- Beschränkter Horizont
- Bücherwurmsyndrom
- Einsamkeit
- Einschlaf- sowie Durchschlafstörungen
- Eskapismus
- Fernweh
- Gefangenschaft
- Langeweile
- Lebensmüdigkeit
- Liebeskummer
- Medienüberdruss
- Schmökeritis
- Stresssymptome
- TV-Unverträglichkeit
- Unkontrollierter Drang nach guter Unterhaltung
- Unruhezustände
- Wissensdurst

Verbotener Einsatz des Medikaments LESEN

Nicht altersgerechte Lektüre wird besonders häufig von jugendlichen Lesern konsumiert. Schnell erkennbar an folgenden Symptomen: gerötete Wangen, Schreckhaftigkeit, auffälliges Verhalten und in besonders schlimmen Verläufen auch Fluchtmodus – gilt besonders für „sehr erwachsene" Lektüre. Während früher heimlich unter der Bettdecke die „Angélique"-Bände von Anne Golon gelesen wurden, sind es heute wohl eher die Romane der „Fifty Shades of Grey"-Reihe von E.L. James, die aus Mamas Bücherregal unauffällig entwendet werden. Der Heilungseffekt ist aber nach wie vor der gleiche: Die Neugierde des Unaussprechlichen, des Unbekannten, des Verbotenen wird gefahrenlos gestillt.

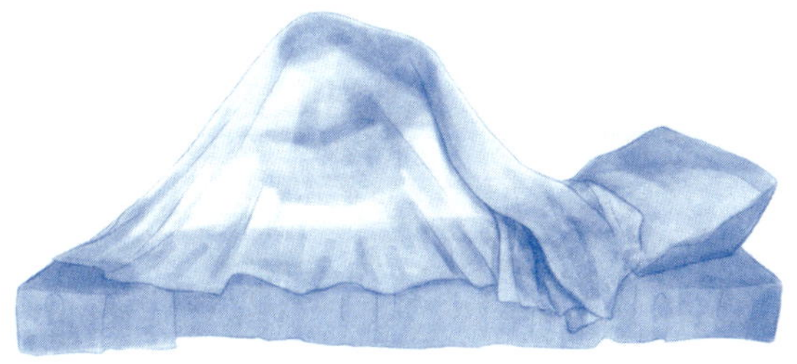

Für alle Leserinnen und Leser offiziell verbotener Lektüre ging es nicht immer so glimpflich aus. Viele Jahrhunderte lang konnten Katholiken exkommuniziert werden, wenn sie eines der 6000 Bücher des Index librorum prohibitorum lasen. Das im 16. Jahrhundert entstandene Verzeichnis der verbotenen Bücher der katholischen Kirche, welches die Gläubigen von der Lektüre ketzerischer Schriften abhalten sollte, wurde erst 1966 offiziell abgeschafft. Heute dürfen Gläubige wieder ohne schlechtes Gewissen die Werke von Jean-Paul Sartre, George Sand, Martin Luther, Alexandre Dumas oder Heinrich Heine lesen und die literarischen und aufklärerischen Heilungseffekte dieser Autoren genießen.

Doch nicht nur die katholische Kirche hielt sich einen literarischen Giftschrank, auch die öffentlichen Bibliotheken halten ihre Remota-Bestände vom Lesepublikum fern. Pornografische, extremistische, gesellschaftskritische sowie politische Werke werden bis heute hinter verschlossenen Türen aufbewahrt. Darunter befinden sich auch Fahndungsbücher der Polizei, die aus rechtlichen Gründen benutzungsbeschränkt sind.

Im Rahmen der documenta 14 und des Projektes der argentinischen Künstlerin Marta Minujín „Parthenon der Bücher“ entstand 2019 die weltweit größte Datenbank zensierter Bücher, die sogenannte Kasseler Liste, die circa 125 000 Bücher umfasst, die entweder auf dem Index standen oder stehen. Unter www.kasselerliste.com kann jeder einen Blick in diese zensierte Buchwelt werfen.

In Deutschland wurde zuletzt 2007 ein Buch auf den Index gesetzt: Für den Roman „Esra“ von Maxim Biller herrscht bis heute ein Veröffentlichungsverbot. Das Landgericht München sah im Roman die Persönlichkeitsrechte von Billers Ex-Freundin verletzt. Im Internet kursieren seitdem Exemplare zu unverschämten Preisen. Etwas weiter weg, in Malaysia, sind die „Fifty Shades of Grey”-Romane von E.L. James aufgrund der „Gefährdung der Moral“ und ihres „sadistischen“ Inhalts verboten. Und während in Europa generationenübergreifend die Harry-Potter-Bände Millionen von Leserinnen und Lesern aller Altersklassen begeistern, müssen die Schüler in den Arabischen Emiraten auf den berühmtesten Zauberlehrling der Welt verzichten. In den dortigen Schulen sind J.K. Rowlings Werke nämlich verboten.

Zwei Romane, die weltweit für Furore und Verbote bis hin zu offiziellen Aufrufen zum Mord geführt haben, sind „Die satanischen Verse" von Salman Rushdie und „American Psycho" von Bret Easton Ellis. Ayatollah Khomeini verurteilte Salman Rushdie 1989 wegen Blasphemie zum Tode. Die Fatwa gegen den indisch-britischen Autor wurde mittlerweile aufgehoben, doch es soll immer noch ein Kopfgeld auf ihn ausgesetzt sein. Nur drei Jahre später erschien Bret Easton Ellis' Roman „American Psycho" in Deutschland und wurde vier Jahre später, 1995, verboten. Alle Vielleser hatten da längst ihre eigenen Leseerfahrungen gemacht. Durch eine Klage des Verlages wurde das Verbot dann 2001 wieder aufgehoben. Seitdem ist der Roman um einen Wallstreet-Yuppie, der sich privaten sadistischen Gewaltexzessen hingibt, wieder offiziell erhältlich.

Harry Potter
American Psycho
FIFTY SHADES OF GREY
Die satanischen Verse

Rezeptpflichtiger Einsatz des Medikaments LESEN

Und während so manche Lektüre verboten ist bzw. wird und dadurch oft ihre Attraktivität immens erhöht, gibt es wiederum andere Lektüren nur auf Rezept. Sie sind also nicht frei wählbar und in einem strikten zeitlichen Rahmen zu lesen. Aufgrund dieser Konstellation haben Pflichtlektüren, ob nun schulischer, universitärer oder beruflicher Natur, einen leicht verzögerten, aber dennoch sehr wirksamen Heilungseffekt. Bitte haben Sie Geduld! Nur so konnten Generationen von Schülerinnen und Schülern mit Johann Wolfgang von Goethes „Iphigenie auf Tauris", Friedrich Schillers „Wilhelm Tell", William Shakespeares „King Lear", Annette von Droste-Hülshoffs „Judenbuche", Friedrich Dürrenmatts „Die Physiker" oder Christa Wolfs „Medea: Stimmen" Bekanntschaft machen. Und erstaunlicherweise scheinen sich auch Jahrzehnte später Generationen von Erwachsenen noch an diese hoch emotionalen Lektüren zu erinnern.

Tipp!
Seien Sie verwegen und lesen Sie diese Klassiker einfach freiwillig in aller Ruhe noch einmal. Sie werden schon während der Lektüre die wohltuenden Effekte spüren und vielleicht dosieren Sie vor lauter bildender Energie über und halten bald nach Gesamtausgaben im prächtigen Schuber Ausschau. Doch Obacht, Sie tun gut daran, diese Werke nicht vor Ihren schulpflichtigen Kindern zu lesen. Das könnte das Verhältnis mit dem Nachwuchs nachhaltig stören.

Ebenfalls verordnet wird seit vielen Jahren die Bibliotherapie. Nachweisliche Heilungseffekte werden bei Angstzuständen, Einschlafstörungen sowie bei der Sterbebegleitung erzielt. Kein Witz, diese Therapieform gibt es wirklich. Tanz- und Musiktherapie gibt es ja auch. Viele Männer werden jetzt bestimmt sofort einlenken und sagen, bevor ich tanze, lese ich das Telefonbuch. *Schatz? Wo haben wir noch mal die Gelben Seiten aufbewahrt?* Ob genau diese seitenstarke Lektüre einen heilenden Effekt verbreitet?

Der Bibliotherapeut verschreibt seinem Patienten eine passende Lektüre, und die Heilkraft der Sprache unterstützt nachweislich den Heilungsprozess. Das ist kein neumodischer Therapie-Schnickschnack. Bereits im 18. Jahrhundert verschrieben Ärzte vor allem in psychiatrischen Kliniken ihren Patienten neben Medizin und Ruhe aufbauende Bücher. Die Kraft der Worte! Nicht nur die Weltreligionen haben das sehr früh erkannt, auch die Medizin. In den USA ist die Poesie- und Bibliotherapie schon lange etabliert und wird u.a. in Gefängnissen, Krankenhäusern, Schulen und Heimen praktiziert.

Wer die Kraft der Poesie sofort erkannt hatte, war Erich Kästner. Wunderbar nachzulesen in seinem Werk „Doktor Erich Kästners Lyrische Hausapotheke". Besonders heilende und lebenskluge Lyrik stammt daneben auch aus den Federn dieser Autorinnen: Virginia Woolf, Emily Dickinson, Anna Achmatowa – sie alle waren Rebellinnen ihrer Zeit und die amerikanische Nobelpreisträgerin Louise Glück ist es mit ihren fast 80 Jahren immer noch. Allen digitalen Unkenrufen zum Trotz glauben auch die heutigen jungen Dichterinnen an die Kraft der Poesie: Amanda Gorman und Rupi Kaur sind prominente Beispiele.

Ein Heilungsbeschleuniger der Extraklasse, der im Medikament LESEN natürlich enthalten ist, soll hier nicht unerwähnt bleibe: das VorLESEN. Leider gibt es dieses Heilmittel noch nicht auf Rezept, aber in der alternativen Heilkunde wird es längst eingesetzt.

Tipp!
Der Ernährungsweisheit „An apple a day keeps the doctor away" können Sie ab heute „A poem a day keeps the doctor away" hinzufügen und Ihre Gesundheit so enorm kräftigen.

Eltern können ein langes Lied davon singen. Der Nachwuchs bockt, stampft und krakeelt, doch wenn das Lieblingsbuch aufgeklappt wird und der Vorleser die ersten Worte liest, verwandeln sich Trotzmonster und militante Nichtschläfer in friedliche, zuckersüße Wesen. Nicht nur wirkt das VorLESEN schnell als Stimmungsaufheller, sondern hat auch hervorragende Langzeitwirkungen laut Bundesministerium für Bildung und Forschung:

„Kinder, denen vorgelesen wird, lernen leichter, gehen lieber zur Schule und haben vielseitige Interessen, so die Untersuchungen der Stiftung Lesen. Lesen ist die Basis für ein selbstbestimmtes Leben: Es verschafft Kindern und Jugendlichen Chancen, stärkt ihr Miteinander und lässt sie die Welt entdecken. In jedem Alter gilt: Lesen erhöht das Einfühlungsvermögen und die allgemeine Lebenszufriedenheit, wie nationale und internationale Studien zeigen."

(Quelle: Bundesministerium für Bildung und Forschung: Lesen und Schreiben öffnet Welten.)

Tipp!
Kinder ab sechs Jahren dürfen das Medikament LESEN bedenkenlos einnehmen, gerne auch als Dauermedikation. Das VorLESEN darf ohne Altersbeschränkung und ohne Dosierungseinschränkung genossen werden. Eltern und Kinder dürfen sich gleichermaßen auf Nebenwirkungen freuen.

Unter der Schirmherrschaft des Bundespräsidenten findet immer am dritten Freitag im November der bundesweite Vorlesetag statt, und das schon seit 2004. Eine Maßnahme, die zu unterstützen sich lohnt. Welchem erfahrenen Leser würde es nicht gefallen, einen ganzen Tag lang wieder in das Universum von Astrid Lindgren einzutauchen und begeisterten Kindern die Abenteuer von Michel aus Lönneberga, Karlsson vom Dach oder Pippi Langstrumpf vorzulesen? Die fantastischen Geschichten des britischen Schriftstellers Roald Dahl noch mal in Händen zu halten und mit Charlie durch die Schokoladenfabrik des Willi Wonka zu streifen oder sein kleines Publikum in die geheimnisvolle Welt der „Märchen aus Tausendundeiner Nacht“ zu entführen?

Ach, wenn die Regierenden in Berlin wirklich mutig und reformstark wären, würden sie einen Arbeitstag in der Woche zum Lesetag ernennen. Wäre das nicht großartig? Bezahltes Lesen für alle! An so einem Tag wäre der Weltfrieden doch greifbar nahe …

Wichtige Hinweise
vor der Einnahme des
Medikaments LESEN

Warnhinweise

Bitte nehmen Sie das Medikament LESEN auf keinen Fall ein, wenn Sie an einer Buchstabenunverträglichkeit leiden, Sie eine harmlose Buchstabensuppe schier in den Wahnsinn treibt oder Sie sich unmittelbar vor oder nach einer Augenoperation befinden. Müssen Sie Augenklappen tragen, nehmen Sie diese bitte nicht ab. Auch bei schlechten Lichtverhältnissen wird von der Medikation LESEN abgeraten. Sollte es jedoch in unmittelbarer Nähe eine Lichtquelle geben, bitte aktivieren Sie diese umgehend und konsumieren Sie Ihr Allheilmittel wie gewohnt. Sollte Ihr Umfeld Sie auf eine giraffenartige Haltung hinweisen (überstreckter Hals und zugekniffene Augen), setzen Sie das Heilmittel LESEN so lange aus, bis Sie sich eine Lesebrille besorgt haben. In dringenden Fällen betreten Sie die nächstgelegene Drogerie und fragen Sie das Fachpersonal nach dem Ständer mit den Lesehilfen. Dort wird Ihnen dann geholfen. Falls Sie eine auf Sie persönlich abgestimmte Leseunterstützung benötigen sollten, wenden Sie sich bitte ausnahmsweise nicht an Ihren Buchhändler, sondern an den Optiker ums Eck.

Warnhinweise

Nehmen Sie das Medikament LESEN nicht auf Dauer ein, wenn weder Heiß- noch Kaltgetränke oder Snacks in Ihrer Reichweite sind oder wenn sich in den kalten Wintermonaten keine Kuscheldecke in Griffweite befinden sollte. In diesem Zusammenhang sollte nicht unerwähnt bleiben, dass in eiskalten Räumen bei der Einnahme des Medikaments LESEN eine akute Erfrierungsgefahr droht. Sollte zusätzlich auch noch ein Spannungsroman Ihre ausgewählte Lektüre sein, sind Sie allein für die Risiken verantwortlich.

Auch sollte das Medikament LESEN auf Hochzeiten (schon gar nicht auf Ihrer eigenen), auf Partys (schon gar nicht auf Ihrer eigenen) und im Zuschauerraum – Ausnahme ein kurzer Blick ins Programmheft – kurzfristig nicht zum Einsatz kommen. Dasselbe gilt während eines Migräneanfalls, akuter Übelkeit, an öffentlichen Plätzen wie Toiletten, Rolltreppen, Ampeln, in Porzellanabteilungen und in Hochseilgärten. Ferner wird davon abgeraten, bei körperlicher Anstrengung bis hin zum Sport von diesem Wundermittel Gebrauch zu machen.

Warnhinweise

Die Ausnahmen bestätigen natürlich die Regel: Absolvieren Sie Kilometer auf dem Trimm-dich-Rad oder neudeutsch Indoor-Bike, lesen Sie Ihre Lektüre – in einem sicheren Abstand von Schweiß und isotonischen Getränken – selbstverständlich weiter. Sonst ist diese körperliche Aktion ja kaum auszuhalten. Auf dem Rudergerät heißt es dann wieder bibliophile Abstinenz zu üben.

Auch in intimeren Momenten sollten Sie den Gebrauch des Wundermittels LESEN einstellen wie z.B. beim Sex. Ausnahme: Sie möchten Ihren Partner unverzüglich loswerden. Die Lektüre einer Gebrauchsanweisung könnte vielleicht etwas überdeutlich sein ...

Aufgrund der Tatsache, dass im Haushalt oft die gefährlichsten Unfälle passieren, sollten Sie sorgsam mit der Einnahme des Allheilmittels umgehen. Beim Kuchenbacken könnte es womöglich noch funktionieren, aber bei Schneide- und Bügeltätigkeiten ist das Buch vor der Nase tabu!

Vorsichtsmaßnahmen

Konsultieren Sie Ihren Buchhändler oder eine Person Ihres Vertrauens, bevor Sie einen harten Thriller oder perfiden Kriminalroman lesen, wenn Sie eher der schreckhafte, ängstliche Typ sind, vor Kurzem überfallen wurden, jeden Abend in der anbrechenden Dunkelheit mehrmals breits geschlossene Türen und Fenster kontrollieren, nach Einbrechern unter dem Bett suchen, hinter Türen schauen, Gardinen auf- und zuziehen, um nachzuschauen, ob sich nicht doch ein zwei Meter großer, hundert Kilo schwerer Einbrecher hinter der durchsichtigen Ardo-Gardine versteckt haben sollte.

Mit Liebesromanen muss man keinem leidenschaftlichen Spannungsleser kommen, schon klar. Aber in einer akuten Paranoia – ausgelöst durch die letzte Lektüre – könnten kurzfristig Cosy-Crime-Stoffe oder auch humorige Kriminalromane von Rita Falk, Andreas Föhr und Klüpfel/Kobr eine gute Alternative sein. Empfehlenswert sind auch die Werke einer Säulenheiligen des Genres: Agatha Christie. Aber Finger weg vom True Crime Thrill. Alle Risiken und Nebenwirkungen ... Sie wissen schon.

Vorsichtsmaßnahmen

Bitte sprechen Sie mit Ihrem Buchhändler des Vertrauens oder guten Freunden, bevor Sie „Stolz und Vorurteil" von Jane Austen oder „Anna Karenina" von Leo Tolstoi oder die Romane von Nicholas Sparks oder Cecilia Ahern in die Hand nehmen, wenn Sie gerade verlassen wurden oder eigenhändig eine langjährige Beziehung beendet haben, die vorgestern noch lebenslanges Potenzial inklusive Hochzeit und Kinderwunsch in Aussicht stellte, oder wenn die Liebe Ihres Lebens Sie gerade mit zwei Promille im Blut betrogen hat. Anstatt dieser Liebesromane lesen Sie dann bitte doch lieber einen harten blutrünstigen Thriller. True Crime könnte jetzt das Richtige für Sie sein.

Lassen Sie sich von Ihrem Buchhändler des Vertrauens oder guten Freunden unbedingt beraten, bevor Sie ein brisantes Sachbuch über einen aktuellen Missstand lesen wie z.B. die Klimakrise, Globalisierung, Machenschaften der Wirtschaft, Pharmaindustrie, skrupellose Großkonzerne, die mächtigsten gerade amtierenden Präsidenten, Waldrodung in Südamerika, Müllinseln in unseren Meeren ... Wenn Sie gerade ein Tief durchleben, nichts für Sie mehr einen Sinn ergibt, Sie eine Doku-Überdosis intus haben oder gerade aus einer gigantischen Müll-, Pardon,

Millionenmetropole zurückgekehrt sind und sich private wie berufliche Krisen am Horizont zeigen, dann ist ein seitenstarker historischer Roman von Umberto Eco, Rebecca Gablé, Diana Gabaldon, Sabine Ebert oder Ken Follett oder eine große Liebesgeschichte (nicht unter tausend Seiten) jetzt ein Muss auf Ihrem Nachttisch, der Sie sanft in den Schlaf befördert.

Konsultieren Sie Ihren Buchhändler des Vertrauens oder gute Freunde, bevor Sie einen Ratgeber über Achtsamkeit, Ernährung und Gesundheit oder ein bewussteres Leben lesen, wenn Sie gerade endlose Überstunden schieben müssen, Ihnen die Wohnung gekündigt wurde, Ihr Arzt heute schon zum x-ten Mal versucht hat, Sie zu erreichen, und Ihr Partner mal wieder Fast Food zum Abendessen mitgebracht hat, weil im Kühlschrank mal wieder gähnende Leere herrscht. Gedichte sind jetzt genau das Richtige für Sie. Nachhaltige nährende Worte in anderem Gewand, wie z.B. von Erich Kästner oder Ernst Jandl.

Konsultieren Sie den Buchhändler Ihres Vertrauens oder gute Freunde, bevor Sie in die schillernde Welt der seitenstarken Fantasyromane abtauchen, wenn Sie schon länger intensiv von Superkräften träumen, sich fremd in jeglicher Zivilisation und in der Nähe von Lebewesen fühlen. Meiden Sie jetzt unter allen Umständen Dystopien, wenn Schwarz Ihre Lieblingsfarbe ist, Sie schon seit Wochen die Wohnung nicht verlassen haben und Sie vor Ihrer eigenen Stimme erschrecken, wenn Sie den Essenslieferanten vor Ihrer Wohnungstür begrüßen. Jetzt sind lebensbejahende Lektüren großer Denker für Sie die richtige Wahl, wie z.B. die weisen Worte des Dalai-Lama.

Wechselwirkungen

Bitte informieren Sie auf keinen Fall Ihren Buchhändler, den Verlag oder Ihre Buchfreunde, wenn Sie andere Wundermittel ausprobieren oder vor Kurzem konsumiert haben, schon gar nicht, wenn es sich um nicht verschreibungspflichtige exotische Drogen wie Binge-Watching bzw. Dauer-Streaming, Social-Media-Apps oder Gaming handelt.

In Schwangerschaft und Stillzeit

Herzlichen Glückwunsch! Sie sind schwanger und schreiben seit Wochen neben Baby-Shopping-Listen absurd lange Bücherlisten, die Sie in Ihrem letzten Schwangerschaftsquartal lesen möchten, wenn der Job vorbei, die Unbeweglichkeit endlich da ist und Sie auf die heiß ersehnte Couch zwingt. Geben Sie diesem Bedürfnis nach, es ist nebenwirkungsfrei und absolut unbedenklich. Noch erinnern Sie auch noch das Gelesene, also dosieren Sie wie ein Junkie kurz vor dem Entzug, denn nach der Geburt ist ja bekanntlich alles anders ...

Junkfood für die werdende Mutter:
Alle Harry-Potter-Bände
Jane Austen, „Stolz und Vorurteil"
F. Scott Fitzgerald, „Der große Gatsby"
Marcel Proust, „Auf der Suche nach der verlorenen Zeit"
Charlotte Brontë, „Jane Eyre"
Alles von Dorothy Parker
Thomas Mann, „Die Buddenbrooks"

Liebe frischgebackene Mutter, an dieser Stelle müssen Sie jetzt ganz stark sein, die ungeschönte Wahrheit, die Sie jetzt erfahren, wird Ihnen nicht gefallen, aber die Welt ist grausam und die Natur unbarmherzig. So ist es nun mal. Sie werden sich später mit großer Wahrscheinlichkeit an keine Ihrer Lektüren, die Sie während der Stillzeit gelesen haben, erinnern! Das Medikament LESEN ist hier nur sehr unzuverlässig wirksam. Vielleicht gehören Sie aber auch zu der Gruppe der 0,000001 Prozent, die die außergewöhnliche Gabe besitzt (also Superkräfte!), das Gelesene während der Stillphase irgendwann wieder zu erinnern, aber das ist eher unwahrscheinlich. Also lesen Sie – im Gegensatz zur hochaktiven Schwangerschaftsphase – jetzt nur Bücher, die Sie eventuell noch mal lesen würden. Jetzt endlich die Gesamtausgabe von Dostojewski oder Murakamis seitenstarkes Œuvre „1Q84" anzugehen, könnte eine riesige Zeitverschwendung sein. Das soll jetzt nicht heißen, schlechte Lektüre wäre okay, schlechte Lektüre ist nie okay, aber lassen Sie die Hände weg von den Büchern, die Sie immer schon mal lesen wollten, und schlafen Sie lieber, wenn Ihr Säugling schläft.

Verkehrstüchtigkeit und die Fähigkeit, Maschinen zu bedienen

Der Wirkstoff LESEN hat einen fatalen Einfluss auf die Verkehrstüchtigkeit. Lesen Sie unter keinen Umständen auf Motorrädern, Fahrrädern, Rollern oder sonstigen zweirädrigen Fortbewegungsmitteln. Sollten Sie noch mit Ihrem Allerwertesten auf ein Dreirad passen, das in der Wohnung herumsteht, und Sie nun genau darauf in Ruhe ein paar Seiten lesen wollen, während Sie gemütlich mit angezogenen Knien in Ohrenhöhe vor- und zurückrollen, scheint das unbedenklich. Aber Achtung! Sie übernehmen die volle Verantwortung. Schadenersatzklagen sind hiermit ausgeschlossen.

Lesen Sie nie, während Sie ein vierrädriges Fortbewegungsmittel bedienen. Hier gibt es keine Ausnahmen. Sitzen Sie jedoch als Fahrgast auf dem Beifahrersitz oder in einem öffentlichen Verkehrsmittel, dann viel Spaß bei der Lektüre.

In der einen Hand das spannende Buch, in der anderen Hand den Mixer, um Sahne zu schlagen. Können Sie machen, diese Kombination sollten Sie aber niemals mit Maschinen wie elektrischen Brotmaschinen, heißen Lockenstäben oder Staubsaugern mit altmodischen Kabeln ausprobieren. Egal wie sehr die Lektüre Sie fesselt, denken Sie immer daran: Sie brauchen Ihre Finger zum Umblättern, zum Festhalten des Buches oder zum Wischen auf dem digitalen Gerät. So einfach ist das!

Vorsichtsmaßnahmen

Viele von Ihnen werden bestimmt auch mit einem Buch in der Hand und vor Augen die Waschmaschine zum Laufen bringen. Warnung: Wenn der gute Kaschmirpullover dann doch aus Versehen gekocht wird, nehmen weder Verlag noch Autorin und wohl kaum der Buchhändler Ihres Vertrauens, der Ihnen das Buch so wärmstens ans Herz gelegt hat, die Verantwortung. Hier gilt: Sie sind schuld und gut ist.

Sollten Sie in der metallverarbeitenden Schwerindustrie tätig sein, gilt wirklich ohne Ausnahme: Hände weg vom Buch während der Arbeitszeit. Details und Sonderregelungen klären Sie bitte ausschließlich und direkt mit Ihrem Vorarbeiter, der dann die Verantwortung übernimmt.

Tipp!
Greifen Sie weder am Steuer noch an der Maschine zum Buch oder zum digitalen Lesegerät, sondern zum medizinischen Wundermittel des VorLESENS.

Natürlich sollen nicht Sie am Steuer vorlesen, Sie lauschen dem professionellen Vorleser, der Ihnen das Hörbuch Ihrer Wahl vorliest ... Ich wünsche gute Unterhaltung!

Vorsichtsmaßnahmen

Bitte denken Sie daran, dass das Trinken von Alkohol nicht nur Ihre Leseleistung schwächt, sondern im schlimmsten Fall auch für immer beendet, sollten Sie gleichzeitig etwas steuern oder bedienen. Das gilt sogar für das genehmigte Dreirad! Sie wollen nicht mit dem Dreirad umkippen und sich mit Ihren viel zu langen Beinen aus dem Schlamassel kichernd befreien und dabei die Seiten Ihrer Lektüre zerknicken. Das wollen Sie nicht, oder doch?

Aber wer weiß, vielleicht gewinnen schlechte Lektüren mit leichtem Promillegehalt an Entertainment? Könnten Sie ausprobieren, aber dafür ist Ihre Lebenszeit zu wertvoll und es gibt zu viele gute Lektüren da draußen.

Einnahme des Medikaments LESEN

Von diesem jahrtausendealten Wundermittel sollten Sie zu allen Tages- und Nachtzeiten sowie in hohen Dosen über lange, ach was, lebenslange Zeiträume hinweg Gebrauch machen. Hier einige wertvolle Informationen, die Ihnen die Einnahme erleichtern.

Die vier wichtigen W: wann, wo, was und wie

Falls nicht anders verordnet, ist die übliche Dosierung: Lesen Sie immer und überall, überbrücken Sie jede noch so kleine Wartepause mit guter Lektüre anstatt mit sinnfreiem Klicken und Wischen auf mobilen Geräten. Nebenwirkung: Sie werden informierter als alle anderen sein, natürlich nicht im Promi-La-La-Land, aber wer will das schon? Tragen Sie also immer ein Buch bei sich. Es gibt wunderbare kleine, leichte Buchformate für jede Hand, Jacken- oder Hosentasche.

Also seien Sie eigensinnig bei der Einnahme Ihres Wirkstoffs. Sie bestimmen, wann, wo, was und wie oft Sie lesen. Verweigern Sie jegliche Art von langweiliger Lektüre, brechen Sie den Vorgang umgehend ab, ohne schlechtes Gewissen. Dafür haben Sie als Vielleser keine Zeit. Stehen Sie zu Ihrem einzigartigen Lesegeschmack und individuellen Informationsbedürfnis. Nur Sie wissen, welche Lektüre für Sie gerade am besten ist.

Lassen Sie sich auf keinen Fall zweit- oder gar drittklassige Ware empfehlen. Minderwertige Qualität beeinträchtigt den Wirkungsgrad des Heilstoffs nachweislich. Um einen vollständig gesunden Geisteszustand zu erzielen, ist es von entscheidender Wichtigkeit, dass Sie regelmäßig lesen. Eine Studie der renommierten Yale University besagt, dass Leser zu einem hohen Prozentsatz fast zwei Jahre länger leben als Nichtleser. Das ist auch ohne akademische Studie nachvollziehbar. Wieso? Während sich Nichtleser von Steilwänden abseilen, lesen Sie „In eisige Höhen" von Jon Krakauer. Entscheidend für die längere Lebensdauer ist jedoch die Art der Lektüre. Nur derjenige Leser lebt länger, der regelmäßig in der Woche dreieinhalb Stunden Fiktion liest. Ja, Sie haben richtig gelesen. Die Non-Fiction- und Zeitungs-Aficionados unter Ihnen sind jetzt bitte ganz stark, lassen diese Info kurz sacken und drehen sich dann langsam zur vernachlässigten Sektion in ihrem Bücherschrank um oder visualisieren sie vor ihrem geistigen Auge. Wenn Sie heute noch mit einem dicken Klassiker anfangen und nicht vor Kurzem Ihren 99. Geburtstag gefeiert haben, ist langlebige Hoffnung in Sicht.

Das Lesen ist liegend im Bett oder auf der Couch genauso gut auszuüben wie sitzend im Lieblingssessel oder auf dem Klo oder im Stehen in öffentlichen Verkehrsmitteln, am Küchentresen oder im Wartehäuschen.

Diese Lese-Positionen erzeugen nachweislich den höchsten Heilungsgrad:

- Gemütlich im warmen Bett liegend, mit Heißgetränk in Reichweite.
- Auf dem Sofa eingekuschelt mit der lebenden Wärmflasche = Haustier/Partner oder aber der Gummivariante mit Flauschbezug.
- Im Lieblingslesesessel mit Stehlampe und warmer flauschiger Decke griffbereit auf dem Fußhocker.
- Im Sommer unter einem schattigen Apfelbaum in der Hängematte oder auf der Liege im Schatten unter Palmen.
- Im Winter vor dem knisternden Kaminfeuer mit dicken Socken und Heißgetränk, während draußen leise die Schneeflocken fallen.

Art der Anwendung und Dauer

Bevor Sie jetzt irritiert den Kopf schütteln und sich über die nachfolgende ausführliche Anwendung wundern, sei kurz erwähnt: Natürlich können Sie das Buch einfach aufklappen und mit der Lektüre beginnen, aber wenn Sie hungrig sind, öffnen Sie ja auch nicht einfach eine kalte Konservendose und löffeln diese aus!

Schon gewusst?
Am 23. April ist Welttag des Buches, und das schon seit 1995. Ein von der UNESCO weltweit eingerichteter Aktionstag für das Lesen, für Bücher, für die Kultur des geschriebenen Wortes und auch für die Rechte ihrer Autorinnen und Autoren. Übrigens ist dieses Datum nicht irgendein Datum, sondern der Todestag zweier berühmter Schriftsteller: William Shakespeare und Miguel de Cervantes.

Art der Anwendung und Dauer

1. Befreien Sie das Buch aus der Schutzfolie, der in Zeiten des Klimawandels wohl bald das letzte Stündlein geschlagen hat. Bravo! Erste Ideen, plastikfreie „Frischesiegel" für das Buch vonseiten der Verlage anzubieten, sind bereits in der Testphase. Seien Sie dabei – kaufen Sie bewusst Bücher ohne Folie. Wenn Sie der Revoluzzer unter den Lesern sind, entfernen Sie die Folie noch im Laden und überreichen Sie sie demonstrativ der netten Bedienung an der Kasse. (Sie haben hoffentlich wohlwollend zur Kenntnis genommen, dass das vorliegende Buch Ihnen ganz ohne Folie verkauft wurde.)

2. Als Nächstes schließen Sie die Augen und atmen genüsslich ein. Ein leichter Holzgeruch umspielt Ihre Nasenflügel. Atmen Sie jetzt aus, öffnen Sie Ihren Papierschatz ganz bewusst zum ersten Mal und lauschen Sie dem einzigartigen Geräusch eines frisch geöffneten Buchblocks. Himmlisch!

3. Öffnen Sie Ihre Augen wieder, kontrollieren Sie, dass Sie das Buch korrekt mit lesbarem Titel vor sich halten. Der Buchumschlag sollte sich von rechts nach links problemlos öffnen lassen.

4. Genießen Sie die Farbe oder die aufwendige Gestaltung des Vorsatzes des vorderen und hinteren Buchblocks.

5. Doch halt, bevor Sie mit der Lektüre beginnen, befreien Sie das Lesebändchen aus seiner zusammengelegten Position zwischen zwei Seiten und lassen Sie es die frische Lektüreluft schnuppern. (Lieber Taschenbuchleser, allein für diesen Moment lohnt sich doch die Investition in eine gebundene Ausgabe.)

6. Und jetzt ist es endlich so weit. Wir hoffen, Sie haben Ihr Smartphone ausgeschaltet, die Post abbestellt, Ihren Abwesenheitsassistenten auf unbestimmte Zeit aktiviert, dem Haustier noch mal die Näpfe aufgefüllt, der Familie eine Tiefkühlpizza in Reichweite gelegt? Ja! Na, dann lesen Sie los. Die Heilung wird umgehend und mit großartigen Nebenwirkungen einsetzen.

Die drei bzw. vier wichtigen L

Lesejunkies besitzen ein sogenanntes Lesebesteck, bestehend aus Lektüre, Lesebrille und Lesezeichen. Die Perfektionisten unter Ihnen, die nichts dem Zufall überlassen, führen noch eine mobile Leselampe mit sich.

MEDIKAMENT
LESEN
EINNAHME:
MEHRMALS TÄGLICH.

Dosierungsempfehlungen für das Medikament LESEN

Erwachsene und Jugendliche über 12 Jahren
Eine tägliche Dosierung ist ratsam, sie sollte hundert Seiten am Tag nicht unterschreiten.

Kinder unter 12 Jahren
Eine tägliche Dosierung altersgerechter, spannender und lustiger Lektüre wird dringend empfohlen sowie eine ordentliche Dosis VorLESEN.

Dauer der Behandlung
LESEN ist zur Langzeitanwendung geeignet. Die Behandlung sollte täglich mindestens dreißig Minuten, gerne auch länger und am besten lebenslang erfolgen. Nur so werden Sie steinalt und glücklich. Schlau und sexy natürlich auch. Sie können die Dauer der Behandlung auch durch eigens angefertigte Leselisten, Empfehlungen von Literaturkritiken oder reine Klassikerlektüre nachhaltig unterstützen.

Was tun, wenn Sie eine größere Menge eingenommen haben, als Sie sollten?

Gegenmaßnahmen bei

- **sehr starker Überdosierung:** ab einer fünfhundertseitenstarken Lektüre und mehr am Tag – bewahren Sie Ruhe, nehmen Sie einige tiefe Atemzüge, strecken Sie vorsichtig Ihre eingeschlafenen Gliedmaßen und machen Sie ein paar Dehnübungen. Jetzt wissen auch Sie es: Sie sind unverkennbar ein Vielleser. Trinken Sie ein großes Glas Wasser, erleichtern Sie Ihre Blase. Dann informieren Sie Ihr engstes Umfeld darüber, dass Sie offiziell in die Liga der Lesejunkies aufgestiegen sind, aber für heute Ihr Pensum beendet haben. In Ihrem euphorisierten Zustand werden Sie nun draußen etwas frische Luft schnappen. Sollten Sie noch sehr unter dem Einfluss der Überdosierung stehen, gehen Sie bitte nur in Begleitung einmal kurz um den Block und planen Sie zu einem späteren Zeitpunkt einen längeren Spaziergang ein.

- **mittlerer Überdosierung:** ab einer dreihundertseitigen Lektüre und mehr in einem Zeitraum von 24 Stunden – bewahren Sie Ruhe, nehmen Sie einige tiefe Atemzüge, strecken Sie einmal genüsslich und freuen Sie sich insgeheim, dass Sie heute vor der Tür des Olymps der Vielleser standen. Trinken Sie ein Glas Wasser, erleichtern Sie Ihre Blase und informieren Sie Ihr Umfeld, dass Sie jetzt ansprechbar sind und Ihre Pflichten und Kommunikation wieder aufnehmen. Öffnen Sie ein Fenster und schnappen Sie kurz frische Luft.

- **leichter Überdosierung:** ab einer hundertseitigen Lektüre und mehr innerhalb eines Tages – legen Sie das Lesezeichen ins Buch und überlegen Sie, wann Sie weiterlesen können. Es genügt, wenn Sie die Augen kurz schließen und bis 5 zählen. Dann sollten Ihre Vitalzeichen wieder im grünen Bereich sein.

Berühmte und bekennende Bookaholics, die regelmäßig überdosieren:

Warren Buffett
Elke Heidenreich
Reese Witherspoon
Bill Gates
Denis Scheck
Oprah Winfrey
Jürgen von der Lippe
Elon Musk
Barack Obama

Sie haben die Einnahme vergessen?
Oh-oh, wenn dieses Katastrophenszenario eintreten sollte, hilft nur eins: Bewahren Sie Ruhe, gehen Sie unverzüglich zu Ihrem Bücherregal und lassen Sie so ruhig wie möglich den Blick über die ungelesenen Bücher oder Lieblingslektüren schweifen oder aktivieren Sie umgehend Ihren E-Book-Anbieter und lassen Sie sich Empfehlungen zeigen. Stellen Sie vorab sicher, dass das Gerät mit Strom versorgt ist und der Akku nicht im entscheidenden Moment schlappmacht. Sie können jetzt keine zusätzliche Aufregung verkraften. Sollte der Notfall eintreten und Sie keinen Lesestoff in den eigenen vier Wänden sofort zur Hand haben: kein Problem! Bewahren Sie weiterhin Ruhe, ziehen Sie sich Schuhe und Jacke an, informieren Sie Ihr Umfeld, dass Sie sich auf den Weg in die Notaufnahme begeben, und schließen die Wohnungstür hinter sich ab. Dann gehen Sie auf direktem Weg zur Stadtbibliothek, einem Zeitungskiosk oder zur Quelle allen Glücks: Ihrer Lieblingsbuchhandlung, und kaufen Sie Nachschub. Lernen Sie aus Ihren Fehlern und kaufen Sie auf Vorrat. Sie wollen doch nicht noch einmal in eine akute Unterversorgung schlittern. Das hält Ihr Organismus nicht aus.

Sie brechen das LESEN vorzeitig ab?
Sie befinden sich in einem fatalen Ausnahmezustand. In Ausnahmefällen kann es sich jedoch auch um eine rettende Sofortmaßnahme handeln. Sollten Sie etwa in einer beschwerlichen Lektüre feststecken, die bei Ihnen erste Anzeichen von Langeweile, Unverständlichkeit, stetig abnehmendem Interesse oder anschwellendem Ärger zeigt? Sie dürfen, nein, müssen sofort Ihre Lektüre beenden und sich unverzüglich neuem Lesestoff zuwenden. Diese Maßnahme ist frei von Risiken und Nebenwirkungen und braucht keinen buchhändlerischen Beistand.

Wenn Sie den Vorgang abbrechen und es nicht an der Lektüre liegt, sollten Sie einen guten Grund haben und den Abbruch nicht zu abrupt vollziehen. Der Behandlungserfolg kann dadurch gravierend gefährdet werden.

Gute Gründe können sein: menschliche Grundbedürfnisse, Sie haben im Lotto gewonnen und vor der Tür steht der Geldbote, Haus und Hof stehen in Flammen, neuer Lektürevorrat ist eingetroffen, der sofort von Ihnen persönlich begutachtet werden muss. Achtung! Fortgeschrittene Leser können essen, trinken und aufs Klo gehen, ohne die Lektüre zu unterbrechen. Wenn das bereits auf Sie zutrifft, überspringen Sie bitte diesen Punkt.

Nebenwirkungen des Medikaments LESEN

Wie alle Heilmittel kann auch LESEN Nebenwirkungen erzeugen, die aber nicht bei jedem gleichermaßen auftreten müssen. Bedeutsame Nebenwirkungen oder Anzeichen, auf die Sie achten sollten, und lesensrettende Maßnahmen, wenn Sie betroffen sind, erhalten Sie hier:

Sehr häufige Nebenwirkungen
(kann mehr als 1 von 10 Lesern betreffen)
Eine sehr häufige Nebenwirkung ist das Auftreten der Bibliophilie (das altgriechische Wort für Buchfreund). Eine irreversible Reaktion. Durch das übermäßige Konsumieren und Sammeln von Büchern gehören Sie klassisch zum Krankheitsbild der Bibliophilen. Langfristige Nebenwirkungen sind erhöhte Anschaffungskosten für Bücher, Regale, die Ihren Wohnraum kontinuierlich verringern. Da es sich hier nicht um Bibliomanie, sondern um eine leichtere Form handelt, könnte eine kontrollierte Einnahme des Medikaments LESEN Ihnen längerfristig etwas Linderung verschaffen. Bestimmen Sie die Zahl der Bücher genau, die Sie ständig besitzen möchten, und halten Sie streng daran fest. Wenn Ihre maximale Zahl etwa bei 3 000 Exemplaren auf 120 Quadratmetern liegt, muss für jedes neue Werk ein gelesenes Exemplar verschwinden. Ja, Tapferkeit und Durchhaltevermögen werden hier von Ihnen verlangt.

Können Sie diese Tugenden gut umsetzen, halten Sie Ihre Bibliothek auf einem aktuellen Stand und entsorgen die Fehlkäufe unauffällig.

Eine Unterkategorie dieser Nebenwirkung kann ein plötzlich auftretender Leserausch sein, der sich auf das Werk eines bestimmten Autors oder einer bestimmten Autorin beschränkt. Keine Sorge, die Symptome lassen nach vollendeter Lektüre nach.

Eine weitere, sehr häufig nachweisbare Nebenwirkung ist die **Bibliognosie**, im Volksmund auch als Bücherkunde oder Bücherkenntnis bekannt. Sie können den Krankheitsverlauf dieser Nebenwirkung in Grenzen halten, wenn Sie Ihr überbordendes bibliophiles Wissen nur mit anderen Betroffenen teilen. Es wird stark davon abgeraten, sich mit den angelesenen Buchinhalten und -interpretationen in die nächste Fußgängerzone zu stellen und diese ungefragt zu deklamieren. Die Geschichte hat uns gelehrt, dass das nie gut ausging für alle Beteiligten.

Häufige Nebenwirkungen (kann bis zu 1 von 10 Lesern betreffen)

In Langzeitstudien konnte beobachtet werden, dass zwar nicht sehr, aber dennoch häufig die **Bibliomanie** (altgriechisch biblíon „Buch“ und mania „Wahn“) als Nebenwirkung auftrifft. Auch hier ist der Verlauf irreversibel. Von der **Bibliophilie** unterscheidet sich die **Bibliomanie** in dem Maße, dass der Betroffene nicht nur an einer krankhaften Sammelwut von Büchern leidet, sondern auch dieselben Symptome bei Zeitungen, Zeitschriften, Magazinen, Illustrierten und Broschüren zeigt, die ohne Sinn und Verstand überall in der Wohnung auf Stühlen und allen zur Verfügung stehenden Flächen gestapelt werden, meist ungelesen und unsortiert. Schwerste Ausprägungen dieser Nebenwirkungen sind Anzeichen von häuslicher Vermüllung. Ein eindeutiges Suchtverhalten, das nur schwer therapiert werden kann. Sollten Sie erste Anzeichen bemerken, wenden Sie sich bitte auf keinen Fall an den Buchhändler Ihres Vertrauens, rufen Sie auch nicht Ihre Kollegen aus dem Buchklub an. Ihnen können jetzt nur noch japanische Aufräumprofis helfen.

Während es für den manischen Leser in den eigenen vier Wänden womöglich unangenehm eng wird, befördert sein Verhalten aber ungemein die Verkäufe. Hier ein kleiner Exkurs in die Kategorie: meistverkauftes Buch weltweit. In gewissen Fällen wurde die Medizin LESEN weltweit von Millionen Menschen so exzessiv eingenommen, dass Autoren und Autorinnen sowie deren Werke zu ewigem Ruhm gelangt sind, meistens posthum – man kann eben nicht alles haben! Aber gerade jetzt, in diesem Moment, könnte eine Schriftstellerin, deren Bücher in millionenstarken Auflagen auch in den letzten Winkeln dieser Erde atemlos gelesen werden, irgendwo auf einer millionenschweren Jacht gepflegt ein Gläschen Champagner trinken und sich über ihren Erfolg freuen. Wer das wohl sein mag?

Gönnen Sie sich doch den Spaß und raten Sie vorab, welche Bücher weltweit die meistverkauften Top Drei in den folgenden Kategorien sind: am meisten verkaufte Exemplare über alle Genres hinweg, Kinderbücher, Spannungslektüren und Romane. Können Sie in den jeweiligen Kategorien zwei richtige nennen, haben Sie sich einen Shoppingausflug in Ihre Lieblingsbuchhandlung verdient.

Los geht's:

Die 3 meistverkauften Bücher weltweit:
Die Bibel
Die „Mao-Bibel"
Der Koran

Die 3 meistverkauften Kinderbücher:
Antoine de Saint-Exupéry, „Der kleine Prinz"
J.K. Rowling, „Harry Potter und der Stein der Weisen"
J.R.R. Tolkien, „Hobbit oder Hin und Zurück"

Die drei meistverkauften Spannungsromane:
Agatha Christie, „Und dann gabs keines mehr"
Dan Brown, „Sakrileg"
Jack Higgins, „Der Adler ist gelandet"

Und die drei meistverkauften Romane weltweit sind:
Miguel de Cervantes, „Don Quijotte"
Antoine de Saint-Exupéry, „Der kleine Prinz"
Ebenfalls auf Platz 2 befindet sich:
Charles Dickens, „Eine Geschichte aus zwei Städten"
J.R.R. Tolkien, „Der Herr der Ringe"

Diese Top-Drei-Listen werden, wie so oft in der Literatur, von Männern dominiert. Nur Agatha Christie und J.K. Rowling haben es bislang in diese Verkaufshöhen geschafft.

Aber nun zurück zu den häufigen Nebenwirkungen. Die **Buchanbetung** hatte ihre Hochzeit in den vergangenen Jahrhunderten. Aber diese übermäßige bibliophile Huldigung, besonders von heiligen Büchern wie der Bibel, der Thora oder dem Koran, tritt auch heute noch weltweit auf. Besonders deutlich zeigt sich diese Nebenwirkung beim Bewundern der wertvollen Prachtbände in der Vatikanischen Apostolischen Bibliothek. Diese medikamentöse Überreaktion hat über die Jahrhunderte bestimmt nicht unwesentlich zu den Spitzenverkäufen dieser Werke beigetragen, frei nach dem Motto: Wenn schon ein Buch im Haushalt, dann doch bitte ein „heiliges".

Gelegentliche Nebenwirkungen
(kann bis zu 1 von 100 Lesern betreffen)
Gelegentlich gibt es einfach keinen anderen Ausweg als die illegale Beschaffung der Droge. Jeder Lesejunkie weiß, wovon hier die Rede ist. Diese Nebenwirkung ist in der Welt der bibliophilen Meisterdiebe auch unter dem Begriff **Bibliokleptomanie** bekannt. Dieses zwanghafte, impulsive Stehlen von Büchern kommt besonders häufig in gemeinen Buchhandlungen und langen unübersichtlichen Bibliotheksgängen vor. Sollten Sie hier ein besonderes Interesse haben, kontaktieren Sie doch bitte ausnahmsweise Ihren Anwalt und nicht den beklauten Buchhändler, Antiquar oder Bibliothekar.

Das meistgestohlene Buch der Welt aus öffentlichen Bibliotheken soll das Guinness-Buch der Rekorde sein, nach eigenen Angaben des Verlages.

Gelegentlich kann es auch zu einer literarischen Nebenwirkung in Form einer zeitweise auftretenden **Realitätsstörung** kommen. Sie stecken in einer literarischen Fantasie fest und halten sich für die Heldin oder den Helden Ihrer Lektüre. Egal, ob Sie als Don Quijotte, Jane Eyre, Gregor Samsa, Leopold oder Molly Bloom, Walden, Effi Briest, Odysseus, Desfred oder Harry Potter durch Ihre eigenen vier Wände stolzieren, konsultieren Sie sofort Ihre engsten Familienmitglieder, die Sie hoffentlich vor größeren peinlichen Auftritten außerhalb Ihrer Wohnung bewahren.

Seltene Nebenwirkungen
(kann bis zu 1 von 1000 Lesern betreffen)
Sollten Sie auf einmal Ihre Bücher nicht mehr verleihen wollen und sie an geheimen Orten verstecken, z.B. in einer Kiste in der hintersten Ecke Ihres Dachbodens oder unter der Skiunterwäsche im Kleiderschrank, dann sind Sie über Nacht zu einem **Bibliotaphen** (altgriechisch táphos „Grab") mutiert. Bis diese Nebenwirkung nachlässt, ist es ratsam, sich die Verstecke inklusive Ihrer Bücher zu notieren.

In Ausnahmefällen kann es auch vorkommen, dass Sie – anstatt der gewohnten Lektüre – Ihre Bücher nun wahllos aufschlagen und mit einem spitzen langen Gegenstand (nein, nicht mit einem Messer oder einer Schere, sondern mit einem Stift!) auf eine zufällig ausgesuchte Passage deuten und mit den dort stehenden Worten die wichtigen Fragen unserer Welt beantworten. „Wie konnte Donald Trump jemals ins Amt kommen und wer um Himmels willen macht ihm die Haare?", „Wer steckt hinter der Pandemie?" oder „Wann kann man das erste Ferienhaus auf dem Mars kaufen?". Diese Nebenwirkung, auch **Bibliomantie** (altgriechisch mántis „Wahrsagung") genannt, lässt mit fehlendem Publikum von ganz allein nach.

Sehr seltene Nebenwirkungen
(kann bis zu 1 von 10 000 Lesern betreffen)
Wirklich sehr selten kann es passieren, dass Sie nach der Einnahme des Medikaments LESEN vor Ihrem gut sortierten Bücherregal stehen, aber anstatt des sonst so liebevollen Blickes entzündet sich tief in Ihrem Inneren der Wunsch nach brachialer Gewalt. Das Bedürfnis, mit einer Axt auf das gute Buchenfurnier einzuschlagen und sämtliche Bände Ihrer Bibliothek eigenhändig zu zerhacken, übermannt Sie förmlich. Keine Sorge, auch für diese Nebenwirkung gibt es einen Fachbegriff. Sie leiden nun offiziell an **Biblioklasie**. (altgriechisch: klaein „brechen, zerbrechen, abbrechen"). Hier hilft nur noch das Medikament DIGITALES LESEN in öffentlichen Räumen und natürlich die Beseitigung aller für die Zerstörung geeigneten Werkzeuge.

Sehr, sehr seltene Nebenwirkungen
(kann bis zu 1 von 100 000 Lesern betreffen)
Sehr, sehr selten kann es auch zur sogenannten **Bibliophobie** (altgriechisch phóbos „Angst") – der Angst vor Büchern – kommen. Wenn Sie also nachts aufschrecken und einen Schrei wie in Alfred Hitchcocks *Psycho* von sich geben, weil Sie auf Ihrem Nachttisch ein Buch erblicken, leiden Sie an Bibliophobie. Während diese Nebenwirkung Sie quält, meiden Sie bitte Ihre heimische Bücherwand, Bibliotheken und Buchhandlungen. Derweil unternehmen Sie bitte ausgedehnte Spaziergänge in der Natur. Die frische Luft wird Ihren überreizten Geist schnell beruhigen.

FRIEDHOF DER
KUSCHELTIERE

Nicht bekannte Nebenwirkungen (Häufigkeit auf Grundlage der verfügbaren Daten nicht abschätzbar)
Suchen Sie sofort ärztliche Hilfe auf, wenn sich bei Ihnen nach der Lektüre eines oder mehrere der aufgelisteten Symptome zeigen.

- Sie reagieren plötzlich gehorsam auf diese absurden Aufforderungen:
  „Hör doch mal auf, du verdirbst dir noch die Augen!",
  „Diese Lektüre ist doch nun wirklich nichts für dich!",
  „Komm doch mit, draußen ist so schönes Wetter!"

- Sie lesen fremdsprachige Literatur, ohne die betreffende Fremdsprache zu beherrschen.

- Sie schalten während der Lektüre Ihr Smartphone und/oder den Fernseher ein.

- Sie halten Ihre Lektüre kopfüber und blättern von hinten nach vorne.

Meldungen von Nebenwirkungen
Zum Schluss eine dringende Bitte. Sollten Sie Nebenwirkungen bemerken, wenden Sie sich niemals an Nichtleser. Egal, wie schlimm die Situation auch scheinen mag. Von diesen Personen werden Sie keine adäquate Hilfe erhalten. Melden Sie Nebenwirkungen lieber direkt dem

Bundesinstitut für Lesemittel und Büchereien
Abt. Lesekovigilanz
Ex-Libris-Allee 1
D-23456 Lesehausen.

Indem Sie Nebenwirkungen anzeigen, können Sie dazu beitragen, dass mehr Informationen über die Sicherheit dieses Heilmittels zur Verfügung gestellt werden.

Richtige Aufbewahrung des Medikaments LESEN

Das Arzneimittel ist für Kinder und Erwachsene jeden Alters unbedingt zugänglich aufzubewahren. Sie dürfen das Medikament, nachdem Sie es geöffnet haben, jederzeit, unbegrenzt und sogar mehrfach verwenden. Ignorieren Sie angegebene Verfallsdaten prinzipiell.

Aufbewahrung draußen

Wenn Sie täglich mit öffentlichen Verkehrsmitteln zu Ihrer Arbeitsstelle fahren, sollten Sie immer eine Lektüre mit sich führen. Einzige Voraussetzung: Sie sollte in Ihre Arbeitstasche passen. Da Frauen viel stärker sind als Männer, u.a. weil sie mehr Muskeln haben, können diese auch bisweilen seitenstarke historische Romane oder Fantasy-Epen mit sich tragen. Wer im Sinne von Grammzahlen leichtere Lektüre bevorzugt, dem sind die handlichen gelben Hefte, die viele noch aus Schulzeiten kennen, empfohlen. Sie nehmen kaum Platz weg, erschweren nicht unnötig Ihre Arbeitstasche und sind keine kostspieligen Anschaffungen. Der eine oder andere To-go-Fleck oder ein altmodisches Eselsohr sind hier zu verschmerzen. Sollten Sie aber so gar keine Lust auf Klassiker beim Pendeln verspüren, sind Taschenbuchausgaben aller Genres auch ein guter Ersatz. Allen Fahrgästen wird jedoch dringend von Atlanten, Prachtausgaben, Bildbänden und raumeinnehmenden Faltkarten in Bus und Bahn abgeraten.

Auf Reisen

Achtung! Sonnenöl, Sand, Wasserflecken, stärkere Gebrauchsspuren sind jetzt die natürlichen Feinde Ihrer Lieblinge. Ihre wertvollsten Ausgaben sollten Sie eventuell zu einem anderen Zeitpunkt lesen. Doch viel wichtiger ist es, die richtige Auswahl für die Reise zu treffen.

Gehören Sie auch zu der Gruppe von Aficionados, die bereits nach einem freien Regalbrett, einer Ablagefläche größeren Ausmaßes Ausschau halten, während alle anderen Reisemitglieder ihren Koffer auspacken und die ausgewählte Lektüre lässig aufs Bett oder den Nachttisch werfen? Langsam befördern Sie nicht nur aus Ihrem Koffer ein Exemplar nach dem anderen, sondern nach und nach auch aus großen Jackentaschen oder unauffälligen Stauräumen Ihres Fahrzeugs (sollten Sie in der glücklichen Lage sein, mit dem eigenen Auto angereist zu sein). Erst bemerkt keiner der Anwesenden die rasant anwachsende Zahl Ihrer Bücher, bis Sie die magische Zahl 8 überschritten haben. Nun werden Sie mit den Ihnen bereits bekannten Fragen bombardiert: „Wie lange willst du eigentlich bleiben?“, „Sag mal, die willst du doch wohl nicht alle in den zehn Tagen lesen?“, „Hast du etwa dein komplettes Bücherregal mitgenommen?“ (Haha, wenn derjenige wüsste …)

Profiaufbewahrung in öffentlichen Bibliotheken

Sie lassen aufbewahren. Nicht schlecht! Das ist nicht nur platzsparend, sondern auch viel billiger. Mit einem Ausweis und einer überschaubaren Jahresgebühr halten Profis Zigtausende von Lektüren für Sie bereit. Hier gilt aber nach der Ausleihe: Obacht! Die Aufbewahrung dieser Lektüren in Ihrem Heim ist strikt temporär!

Aufbewahrung drinnen

In den eigenen vier Wänden

Wie bewahren Sie Ihren privaten Lesestoff auf? Schön ordentlich und dekorativ im großen Bücherregal im Wohnzimmer? Oder stapeln sich überall Buch- und Zeitungsberge, und nur Sie, das Genie, können in diesem Chaos sagen, wo etwas liegt? Oder sind Sie gar ein Vielleser, der aber keinen Wert auf das gelesene Exemplar in seinem Zuhause legt?

Kommen wir zu der wunderschönen betörenden Bücherwand im Wohnzimmer zurück. Es gibt zahlreiche Prinzipien, der schieren Menge an Büchern Herr bzw. Herrin zu werden und gewünschte Exemplare schnellstens wiederzufinden. Sollten Sie ein fotografisches Gedächtnis haben, können Sie sich natürlich jegliche Ordnung sparen. Sie Glückliche(r)! Die meisten Leser finden mit der Zeit heraus, welches Ordnungssystem für sie am besten funktioniert.

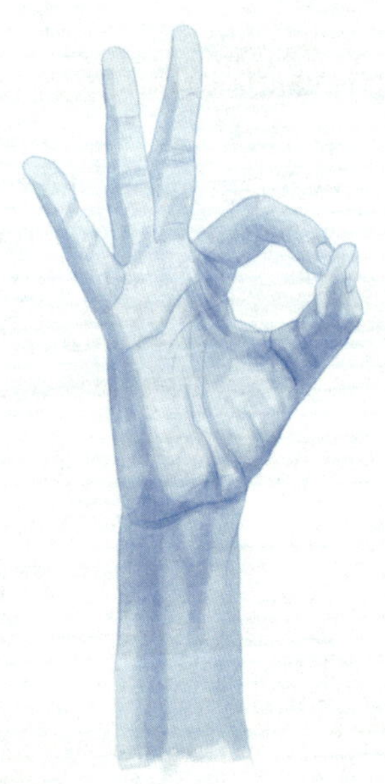

Hier die gängigsten Ordnungssysteme:

- alphabetisch nach Autorinnen und Autoren
- streng unterteilt in Belletristik und Sachbuch
- nach Fachgebieten (à la Buchhandlung – sehr ambitioniert)
- nach Genre: Spannung, Frauenunterhaltung, Fantasy, Sachbuch, Ratgeber, Reiseführer
- farblich nach Buchrücken
- nach Nationalitäten
- nach Größe
- nach Verlag (davon träumt jeder Verleger)
- nach Ausgaben (Taschenbücher links, Hardcover rechts)
- nach gelesen/ungelesen
- nach Sprachen (tu comprends?, si claro!, vad snälla?, o my God!)
- nach Literaturströmungen: die Beats, die Existenzialisten, die Romantiker (sehr elitär!)

Aufbewahrung auf dem stillen Örtchen
Es gibt keinen Grund, sich für den Bücherstapel auf dem stillen Örtchen zu schämen. Wer ernsthaft liest, arbeitet gegen die Zeit. Wer die magischen 5 000 bis 6 000 Bücher in seinem Leben lesen möchte, muss alle sich ihm bietenden Möglichkeiten nutzen. Laut Geolino verbringt jeder Deutscher mit einer Lebenserwartung von 80 Jahren im Durchschnitt sechs Monate seines Lebens auf dem Klo. Kostbare Zeit, die nicht ungenutzt verstreichen sollte. Aber egal, wie sehr die Zeit auch drängt, Aufbewahrung und Lektüre sollte immer nur auf dem eigenen und nicht auf einem fremden stillen oder öffentlichen Ort erfolgen.

Schon gewusst?
WPM = Wörter pro Minute. Die Lesegeschwindigkeit einer durchschnittlichen Person beträgt zwischen 200 und 300 Wörtern pro Minute.

Ach, und noch etwas. Entsorgen Sie bitte das beste Medikament der Welt weder im Abwasser noch achtlos im Haushaltsabfall und auf keinen Fall im Papiermüll. Sollten Sie dennoch den Wirkstoff einmal aussortieren müssen, dann in Kartons im Hausflur mit dem netten Hinweis: ZU VERSCHENKEN! Für dieses alte Wundermittel gibt es nämlich bekannterweise kein neumodisches Verfallsdatum.

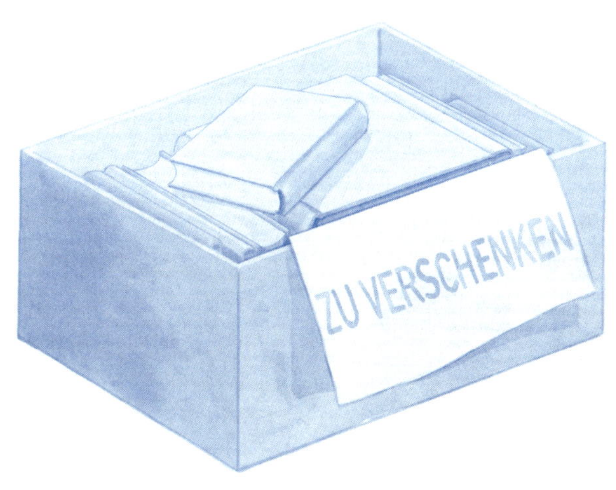

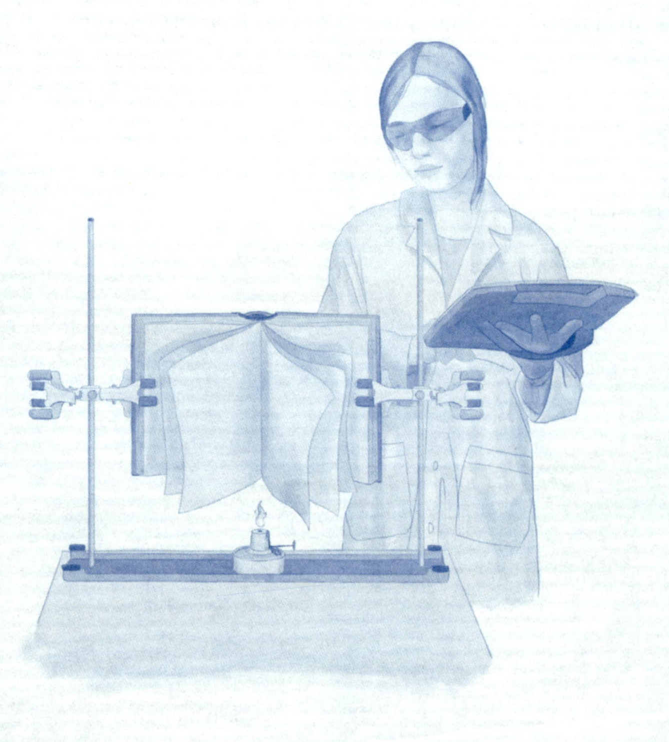

Zulassungsprozess des Medikaments LESEN

Obwohl das Medikament LESEN eine uralte Medizin ist, gelten für jede neue Ausgabe und jede neue Wirkstoffkreation dieselben strengen deutschen und europaweiten Regeln sowie Sicherheitsstandards wie für alle anderen medizinischen Wirkstoffe, die täglich auf unsere Märkte drängen. In mehreren Schritten und Phasen muss sich jeder neue Wirkstoff für das Medikament LESEN bewähren, um bis zur heiß ersehnten Zulassung zu gelangen.

In einem ersten Schritt müssen sich die von der Muse geküssten Hersteller ihres neuen Medizinprodukts absolut im Klaren darüber sein, welche Eigenschaften ihr Wirkstoff haben und welche Reaktion er bei dem Patienten, also ihrer Leserschaft, auslösen soll. Soll er beruhigen, aufheitern, zum Lachen, Träumen oder Gruseln verführen? Doch allzu oft scheitern viele schon an dieser Aufgabe, weil ihr Wirkstoff zu viel können soll und dies zu verwirrten oder gar ärgerlichen Reaktionen beim Konsumenten führt. Und dabei sind die gewünschten Reaktionen des Lesers doch hinlänglich bekannt, wie zum Beispiel Entspannung, Senkung des Blutdrucks oder die Ausschüttung des Glückshormons.

Ist dem zukünftigen Hersteller der erste Zulassungsschritt jedoch gelungen, gilt es nun, den Wirkstoff so herzustellen, dass eine optimale Linderung einsetzen, ein Mangel behoben oder ein Leiden beendet werden kann. Nun heißt es, die heilende Substanz des geschriebenen Wortes auf Herz und Nieren zu testen, testen, testen!

- Ist es dieser Charakter oder jener, der das Zeug zur Hauptfigur hat?
- Sollte es nicht doch ein exotischeres Setting sein?
- Will der Leser wirklich diese blutigen Details während der Mordszene lesen?
- Ist eine explizite Liebesszene unbedingt vonnöten?
- An welchen Textstellen wird besser geraunt und wo erklärt?
- Happy End oder offenes Ende?

Ach, Tausenden von Fragen müssen sich die Hersteller nun in ihren privaten Laboren stellen, um so die optimale einzigartige Wirksamkeit zu erlangen, nach der sie (hoffentlich!) streben.

Sobald diese harte Testphase abgeschlossen ist, spricht man in der Pharmabranche schon von einem „Hit"! Ja, Sie haben richtig gelesen. „Unglaublich!", empört sich jetzt vielleicht der eine oder andere anspruchsvolle Leser unter Ihnen. Ich kann Sie beruhigen, der „Hit" muss - und sei er noch so gut - eine anspruchsvolle Phase der Optimierung durchlaufen.

Diese überlassen die Hersteller den Profis in den Literaturagenturen und den Lektoren der jeweiligen Fachlektorate. (Hier kommen zuweilen sogar durchgeheulte Taschentücher zum Einsatz.) Diese Experten besitzen die magische Gabe, die Wirksamkeit eines Stoffes zu steigern, manchmal nur durch geringfügige Änderungen in der Struktur. Auf diese Weise wird Zeile für Zeile und Seite für Seite die neue Wirksubstanz verbessert. So lange, bis jedes Wort sitzt. Genau – die Hoffnung stirbt bekanntlich ja auch zuletzt.

Nun ist es an der Zeit, das neue Präparat LESEN zum Patent anzumelden. Dies geschieht durch die Findung des passenden Titels, der durch eine offizielle Titelmeldung seine landesweite Gültigkeit erhält. Die mit einem unverwechselbaren Namen versehende Heilsubstanz wird jetzt in den präklinischen Studien Labortieren (Testleser) zur Einnahme verabreicht.

In diesem vorklinischen Schritt geht es um die Beantwortung folgender zentraler Fragestellungen:

- Wie gut wird der Wirkstoff LESEN aufgenommen?
- Welche Reaktion löst er aus?
- Wie lange wirkt er?
- In welcher Dosis kann er eingenommen werden?
- Dürfen ihn auch Kinder, Alte und Schwangere konsumieren?

Diese präklinischen Tests werden seitens des Herstellers gerne an lebenden menschlichen Organismen wie Ehepartnern, Freunden oder dem ehemaligen Deutschlehrer durchgeführt. Tierversuche haben sich an dieser Stelle als völlig nutzlos erwiesen und werden mittlerweile auch EU-weit abgelehnt.

Wir nähern uns dem nächsten und alles entscheidenden Schritt: den dreistufigen klinischen Studien. Erstmals darf der Wirkstoff LESEN an Ihnen, werte Leserin und Leser, also am Endkunden, ausprobiert werden. Und das geschieht in drei Studienphasen, die strikt aufeinander aufbauen:

Phase I:
Der neue Wirkstoff des Medikaments LESEN wird zuerst vorsichtig an wenigen Freiwilligen (Probanden) getestet. Es handelt sich hierbei um die todesmutigen Buchhändlerinnen und -händler, die mit Leseexemplaren versorgt werden, sowie Rezensenten der Fachjournale, die sich täglich möglichen Risiken und Nebenwirkungen stellen.

Phase II:
Es folgen Tests an wenigen nicht professionellen Viellesern. Das können chronisch literaturbegeisterte Roman- und Spannungsleser sein, Buchafcionados oder Lesejunkies.

Phase III:
Zu guter Letzt erfolgt die Erprobung an einer großen Zahl der lesenden Bevölkerung, die mehr oder weniger regelmäßig Bibliotheken und Buchhandlungen besucht.

Jede klinische Studie wird darüber hinaus strengstens überwacht von einer unabhängigen Kommission (bestehend aus Literaturnobelpreisträgern, PEN-Mitgliedern sowie Laien). Dieses Vorgehen dient natürlich ausschließlich dem Schutz der Studienteilnehmer.

Allgemeine Informationen

Aktuell sind folgende Packungsgrößen und Darreichungsformen des Medikaments LESEN auf dem deutschen Arzneimittelmarkt erhältlich: Hardcover, Hardpaper, Klappenbroschur, Taschenbuch, Coffeetablebook, Prachtband, Comic, Romanheft, Geschenkbüchlein, Kalender, Zeitung, Zeitschrift etc.

Die beste Medizin LESEN ist in den Mitgliedsstaaten des Europäischen Wirtschaftsraumes (EWR) unter den folgenden Bezeichnungen zugelassen:

Bulgarien: CHETA
Dänemark: LÆSE
Deutschland: LESEN
Estland: LUGEDA
Finnland: LUKEMAAN
Frankreich: LIRE
Griechenland: ANÁGNOSI
Irland: LÉAMH
Island: LESA
Italien: LEGGERE
Klingonien/Klingonisch: LaD
Lettland: LASĪT
Liechtenstein: LESEN
Litauen: SKAITYTI
Luxemburg: LIESEN

Malta: BIEX TAGRA
Norwegen: LESE
Österreich: LESEN
Polen: CZYTAJ
Portugal: LER
Rumänien: CITIT
Russland: TSCHITAT
Schweden: LÄS
Slowakische Republik: PREČITAT
Slowenien: PREBRATI
Spanien: LEER
Tschechische Republik: PŘEČIST
Ungarn: OLVAS
Vereinigtes Königreich: READ
Zypern: ANÁGNOSI

Letzte lebenswichtige Informationen ...

... an alle Bücherwürmer, Vielleser, Bookaholics da draußen:

Während des Lesevorgangs entsteht in Ihrem Gehirn eine toxische, süchtig machende Substanz, deren Zusammensetzung so geheim ist wie die Coca-Cola-Rezeptur, gegen die weder die Pharmaindustrie noch die heilpraktische Zunft ein wirkungsvolles Kraut entwickelt haben. Vorsicht! Sollten Sie bereits abhängig sein, dann werden Sie für immer ein Lesejunkie bleiben. Keine Therapie, kein Mittel ist dagegen wirksam, noch nicht einmal Schundlektüre. Kämpfen Sie nicht dagegen an, versuchen Sie auf keinen Fall einen kalten Entzug in der Nähe eines Buchregals, einer Buchhandlung, einer Stadtbibliothek. Akzeptieren Sie Ihre Diagnose. Wichtig! Informieren Sie bitte Ihr engstes Umfeld, suchen Sie Selbsthilfegruppen auf, die oft unter dem Decknamen BUCHKLUB firmieren. Dort können Sie sich mit anderen Abhängigen austauschen und offen über Ihre Sucht sprechen. Die Krankenkassen übernehmen leider keine der anfallenden Kosten, oder doch? Brillengläser werden wohl bezuschusst.

Behandlungsplan:

Bereits erfolgreich getestet:

	Autor	Titel
1.	....	....
2.	....	....
3.	....	....
4.	....	....
5.	....	....
6.	....	....
7.	....	....
8.	....	....
9.	....	....
10.	....	....

Behandlungsplan:

Warteliste:

	Autor	Titel
1.	....	....
2.	....	....
3.	....	....
4.	....	....
5.	....	....
6.	....	....
7.	....	....
8.	....	....
9.	....	....
10.	....	....

Alexandra Löhr arbeitet als Lektorin und freie Autorin, wenn sie nicht gerade ein gutes Buch liest. Sie lebt mit ihrer Familie, Hund und 3 124 Büchern in München.

Covergestaltung:
Stefan Hilden, hildendesign.de

Covermotive:
© HildenDesign, Veronika Wunderer und
Shutterstock.com, Plateresca, Jolliolly

Illustrationen innen:
© HildenDesign, Veronika Wunderer

Gesamtgestaltung und Satz: HildenDesign, München

Druck & Bindung: CPI books GmbH, Leck

ISBN: 978-3-426-79088-5